Jean Pierre Lehmann

Flora und Zephyr
Ein Frühlingsmythos

AF219877

Jean Pierre Lehmann

Flora und Zephyr
Ein Frühlingsmythos

Versepos
in zwanzig Gesängen

Bibliografische Information der Deutschen
Nationalbibliothek:

Die Deutsche Nationalbibliothek verzeichnet diese
Publikation in der Deutschen Nationalbibliografie;
detaillierte bibliografische Daten sind im Internet über
http://dnb.dnb.de abrufbar.

Korrektorat: Marieke Ahrens
Covergestaltung: Len Bioly
Coverbild: Anne Nele Elsner
weitere Mitwirkende: Saskia Pfalz

Herstellung und Verlag: BoD – Books on Demand,
Norderstedt

ISBN: 978-3-7557-6083-2

Für Oma,
wem sonst als Dir.

INHALT

Das hier stehende Epos schrieb ich in einer Zeit, die für mich und sicher auch für die meisten anderen in der Welt eine große Herausforderung ist oder war. Aber keinesfalls sollte es mich im Schaffen bremsen, dass sich alles verwandelt hatte, vielmehr wurde ich so nur noch bestärkt, zur Feder zu greifen und mir diese Geschichte zu erdenken. Doch gerade um diese entscheidende Krise der Menschen soll es hier nicht gehen; nein es geht um etwas weitaus Größeres, etwas viel Schlimmeres, etwas, das unsere kühnsten Ahnungen übersteigen könnte – es ist der Wandel des Klimas, der mich im Frühlingsmythos beschäftigt, in welchem mir die Nöte der Blumengöttin und des Westwindgottes als Beispiel dienen, denn gerade der Frühling zeigt uns immer wieder, wie verletzlich und schützenswert die Natur ist. Beachtet jedoch, dass es sich um ein teilweise satirisches Werk handelt, dessen Sätze nicht immer ganz wörtlich zu verstehen sind, was jedoch die letztliche Absicht nicht schwächen soll. Ich hoffe Ihr versteht meine trochäischen Sextetten und könnt die ein oder andere Lehre mit euch nehmen.

Dessau, den 01. April 2021
J. Pierre Lehmann

KOPF UND HERZ IM TEXT

Ein Œuvre schafft sich über lange Zeit.
Die Texte haben keinen festen Stil,
Sie tanzen wild und wandeln sich recht viel.
Zum Dichter sind die Wege steil und weit.

Auf diesem Pfad ist's mancher Text, der bleibt.
Natürlich ist das Frühwerk nicht perfekt,
Entstand es doch probierend im Affekt.
Zum Ende kommt nur weiter, wer auch schreibt.

Ein solcher Mensch, der lernt das Silbenspiel;
Die Schriften werden mit der Zeit grazil,
Gewinnen immer mehr an Ehrlichkeit.

Was vorher war mit leerem Wort gestreckt,
Wird bald gefüllt mit scharfem Intellekt,
Wenn Kopf und Herz der Text sich einverleibt.

PROLOG

Die Jahreszeiten wechseln sich einander.
Sie bilden einen ungebroch'nen Kreis,
Den ich mit euch ein Leben lang durchwander;
Wir zahlen gern mit unsrer Zeit den Preis.
Es blüht im Sommer voll der Oleander,
Der bald im Herbst verwelkt zum kahlen Greis.
Im Winter schläft er ruhend unterm Schnee,
Bis er im Frühling wird geweckt vom Klee.

Denn selbst der strengste Winter fürchtet sich
Vor dem Erwachen grünender Natur.
Er schmilzt dahin wie Wachs, doch erst nur zögerlich…
Die Knospen sprießen – Frühling bringt Zäsur.
Die bunten Vögel zwitschern wonniglich.
Die zarten Sprosse treiben auf der Flur.
Schön wär's, doch zu perfekt scheint diese Welt,
In der kein einz'ger Schrei zum Himmel gellt.

Im übervollen Glück zu leben, meint
Naturgemäß zu leben wie der Rest
Des Lebens dieser Welt, der fest vereint
An einem einz'gen warmen weichen Nest
Der Zukunft baut. Doch jetzt wird es beweint.
Der Mensch, er stahl die schwache Brut zum Fest,
Doch stiehlt sich selbst das Leben – steht zur Wand,
Drum hat auf lange Zeit er kein'n Bestand.

I. GESANG

Dieses Jahr ist wirklich selten,
Schnee, der kam in unsre Welten,
Legte sich auf alle Dächer,
Davon wurden sie nicht schwächer.
Grüne Wiesen wurden weiße,
Mensch sah gut die Hundescheiße.

Manch Gewässer gar erstarrte,
Wasser wurde selbst ganz harte.
Eis lud ein, darauf zu tanzen,
Wie im Sommer manche Wanzen.
Wir bedeckten uns mit Stoffen,
Unsre Haut lag nirgends offen.

So die Menschen es nun lockte
Auf das von dem Frost Geschockte.
Manche liefen auf zwei Latten
Über die schneeweißen Matten.
Nur im fernen Traum das Selbe
Gab es jemals an der Elbe.

Freudig legt' Nivea ihre
Weißen Tücher wie Papiere
Auf die dicht bewohnten Länder;
Stoppte durch die kalten Bänder
Fortschritt, den der Mensch errungen –
Ihr ist kurz der Sieg gelungen.

Durch die vielen Pulvermassen
Carports wurden nicht verlassen.
Autos fuhren nicht auf Straßen,
Lieber sie zu Hause saßen.
Luft, die wurde wieder reiner
Und zum Atmen deutlich feiner.

Wir genossen diese Zeiten,
Welche war'n Besonderheiten.
Doch sie mussten auch vergehen,
Zeit, die bleibt ja wohl nicht stehen.
So begann die große Schmelze,
Liegen blieb des Schmutzes Pelze.

Flüsse stiegen über Ufer,
Sorgten so für manchen Wucher.
Boreas zog sich nach Norden,
Er ist ziemlich schwach geworden.
Mit zu sich nahm er die Kälte,
Die sich nun dem Ende stellte.

Flüchtet sich in kühle Berge,
Bei uns bleiben ihm nur Särge.
Über seinem weißen Schleier
Kreisen hungrig graue Geier,
Doch darin ist nichts zu finden –
Schwächelnd konnt' der Frost verschwinden.

Boreas hat uns verlassen,
Ließ sich nicht von Menschen fassen.
Aber ließ uns seine Worte
Hier zurück im Eis der Fjorde.
Dieses musste schnell verwesen,
Niemand mocht' die Zeilen lesen:

„Ob ich jemals wiederkomme,
Weiß ich nicht – zu heiß die Sonne.
Mein Leid könnt ihr nicht erahnen;
Wie oft wollt' ich euch ermahnen,
Wie oft wollte ich schon flehen –
Tu mich nur im Kreise drehen.

Klar ist aber mir geworden,
Dass ihr werdet mich ermorden.
Solltet ihr nicht besser werden,
Zieh ich fort von diesen Erden.
Zügelt also die Begierde,
Sonst habt ihr mich nur als Zierde."

II. Gesang

Als er ist nun fortgezogen
In des Nordens kalte Wogen,
Kam sein Bruder uns besuchen,
Um uns alle zu verfluchen.
Fluch, der jährlich wiederkehret
Und den Frühling uns bescheret.

Wohlig warme Himmelsströme
Zeugen mystisch-fremde Töne,
Wenn sie um die Knospen streichen;
Geister aus dem Stamm entweichen,
Welche von dem Zauber sprechen:
„Mensch wird unsern Fluch nicht brechen."

Doch den wollen wir nicht missen,
Auch wenn wir nichts von ihm wissen.
Wir wohl müssen auch gestehen,
Dass wir ihn als Zauber sehen,
Den man früher sich erdachte,
Als der Zeus noch oben wachte.

Diesen Mythos schuf man früher,
Um zudenken wohl darüber,
Wie die Jahreszeiten wechseln;
So konnt' man sie nicht verwechseln.
Kluge Köpfe schrieben nieder,
Was man wollte lesen wieder.

Heute werden diese Griechen,
Nur als Heiden noch gepriesen.
Kirchen nannten jene Lehren
Einen großen Haufen Scherben.
So inzwischen ist der Glaube
Nur noch eine Aschenhaube.

Alle Worte sind erloschen,
Sind schon lange abgedroschen.
Um ihr Feuer zu entfachen,
Braucht's den Atem eines Drachen.
Würden sich die Mühen lohnen
Oder sollte mensch sich schonen?

Ach… woher denn soll'n wir wissen,
Dass der Glaube bloß ein Kissen,
Welches Griechen voll sich füllten
Und das wir mit Zorn zerknüllten?
Antwort wird mensch hier nicht finden,
Bleiben wir die völlig Blinden.

Glauben geht allein mit Wissen!
Alles andre ist geschissen:
Worte in den Kopf getrieben,
Sind bei manchen fest geblieben.
Böses nutzt den leeren Glauben,
Um sich alle Macht zu rauben.

Tod, der nahm schon viele Augen
Für die Worte, die nichts taugen.
Ohne Schulden mussten sterben
Ganze Völker. Keine Erben
Sind geblieben, um zu klagen
Gegen Engel, die noch jagen.

Eines wir bedenken sollten,
Wenn wir tolerant sein wollten:
Jeder Glaube ist nur wahre,
Glaubt dran eine Menschenschare.
Also ist der Griechenglaube,
Nur noch eine leere Traube…

Doch genauso könnt's ergehen,
Fernen Christenheitsideen.
Wollen wir den toten Glauben
Unsrer Zeit nicht gänzlich rauben.
Lieber denken wir an Altes
Als an völlig Liebeskaltes.

Nun zurück zu der Geschichte,
Die ich euch jetzt weiter dichte;
Zu der Zeit als Frühling nahte
Und der Wind die Wolken jagte.
Aber noch er nicht erwachte,
Seine Pracht er nicht entfachte.

III. GESANG

Zephyr war des Nordwinds Bruder,
Der nun musste nehm'n das Ruder,
Denn die Zeit des Lenz sich näherte,
Wo nur galten seine Werte.
Zu den Menschen zog's ihn nieder,
Der Olymp wär' ihm viel lieber.

Aber die vier Jahreszeiten
Galt es weiter anzuleiten,
Dass die Menschen haben unten
Auch ein wenig von dem Bunten.
So der Gott sich stürzt' zu Boden,
Wo Primaten ständig toben.

Doch sie durften es nicht wissen,
Dass er ihnen bringt Narzissen.
Drum kam er getarnt als Schwalbe,
Um zu bringen eine Salbe,
Welche heilt die Winterwunden
Schnell schon in ein paar Sekunden.

Also kam der Westwindgotte
Her mit seiner Wolkenflotte.
Er flog übers große Meere,
Über Flächen voller Leere.
Von dort nahm er mit die Wärme,
Die er bringt uns doch so gerne.

Der Neptun gab ihm die Kräfte:
Seine blauen Meeressäfte,
Die vom Grund des Wassers stammen,
Ließen Leben wieder flammen,
Das im Winter schlafen musste –
Wer beklagt schon die Verluste?

Zephyr kommt ja zu uns wieder,
Wärmt uns bald die steifen Glieder.
Was im Winter war erfroren,
Wird im Frühling neugeboren.
Wir selbst müssen nicht verglühen,
Zephyr wird sich schon bemühen…

Seine weißen Schwingen trugen
Ihn zu den vermeintlich Klugen;
Durch so manche Himmelsbande
Ins gelobte Abendlande.
Seine Weggefährten waren
Bunt durchsetzte Vogelscharen.

Ihre lauten Lieder klangen
Stillten aber kein Verlangen,
Denn es wollt' sie niemand hören.
Trotzdem sangen sie in Chören –
Der Gesang, er galt bloß ihnen.
Wer sonst könnte ihn verdienen?

Auf dem Flug er manchmal dachte,
An den, der ihm Lachen brachte;
Weit zurück ließ er den Lieben,
Gerne würd er bei ihm liegen.
Hyacinth, der schöne Junge
Flüstert gern zu Zephyrs Zunge.

Sommer-, Herbst- und Wintertage
Sind für sie ein Festgelage,
Wo sie Liebe sich servieren
Und ganz ohne Macht regieren.
Flora und der Frühling schlafen –
Herzen woll'n sie nicht bestrafen.

Aber Pflicht tut beide trennen,
Auch wenn sie daran verbrennen;
Zephyr muss den Frühling bringen –
Hyacinth möcht' Klagen singen.
Seine Elegien gestehen,
Dass sie sich im Juni sehen…

Sicher tut ihr euch jetzt fragen,
Was die Liebe zu dem Knaben
Mag wohl zu bedeuten haben,
Und ich werde es euch sagen:
Jener Gott, er liebt auch Männer,
Ist ein echter Liebeskenner.

So missfällt ihm sicher heute,
Dass, was sagen manche Leute
Über die Geschlechterliebe;
Sie sind rohe Geistesdiebe!
Wissen nicht, was früher richtig,
Halten sich für ganz ganz wichtig.

Zephyr musst' den Dienst verrichten,
Durfte nicht nach Liebe sichten.
Eine Liebe sah er aber
Jeden Tag im Morgenwaber:
Die Aurora – seine Mutter,
Die dem Morgen gibt das Futter.

Jeden Tag sie bracht das Rote
Früh schon als besondre Note.
Ihr folgt dann der Sonnenwagen
Ohne jede Götterklagen.
Manche Wolken trieb der Sohne
Wohl in ihren Weg zum Hohne.

Zephyr war nach langem Fluge
Doch noch immer auf der Suche.
Zwar war er in jenem Lande,
Welches stand am Frühlingsrande.
Trotzdem war es noch recht ferne,
Bis der Frühling schenkt die Wärme.

Denn er musst' sich noch vermählen,
Wie sonst auch auf Zeus' Befehlen,
Mit der träumend-schönen Nymphe,
Die selbst hegte andre Wünsche,
Da sie hielt sich noch zurücke
Mit der beiden Liebesglücke.

Flora war der Nymphe Name,
Sie war eine edle Dame;
Herrin über alle Blumen,
Die nach Frühling mit ihr rufen.
Diese Göttin ließ erblühen
Blumen ohne jede Mühen.

Fehlte Wärme aus dem Westen,
Selbst gelang es nicht der Besten.
Sie nun brauchte Zephyrs Hilfe,
Sonst wird niemals blüh'n das Schilfe.
Also müssen sie vereinen
Ihre Kräfte im Geheimen.

Erst zusammen mag's gelingen
Frühling knospend herzubringen.
Eis lässt sich allein schwer brechen;
Selber würden sie sich schwächen,
Würden sie's getrennt versuchen.
Also auf! sich zu ersuchen.

Zephyr suchte nun im Lande,
Um zu knüpfen seine Bande,
Nach der gut versteckten Blume,
Die sich scheute vor dem Ruhme.
Bald wird er die Blüte finden
Und sich um sie gänzlich winden.

IV. GESANG

Er flog über deutsche Köpfe,
Welche trugen kaum noch Zöpfe.
Näherte sich dem deutschen Strome
Und auch Köln mit seinem Dome.
Weither sah er schon die Städte
Liegen wie an einer Kette.

Alle reihen sie am Rheine,
Wo es gibt so viele Weine.
Bacchus würd' es hier gefallen
In den weiten Kellerhallen.
Zephyr schätzte auch das Rote,
Aber ist der Frühlingsbote.

Demnach hat er keine Zeiten,
Denn er muss sich vorbereiten.
Doch der lange Flug von Westen
Zehrte sehr an seinen Kräften.
Zephyr brauchte eine Pause
Mehr als eine laute Sause.

Zu des Gottes großem Glücke,
Köln war nah mit seiner Brücke.
Man sah die zwei Kirchentürme,
Welche überstanden Stürme
Welche überstanden Kriege –
Selber Zeichen blut'ger Siege.

Voll von Stolz und Pathos streben
Sie sich strotzend zu erheben
In den Himmel, in die Höhe –
Wiederstrebend jeder Böe.
Auch sie waren gut zum Sitzen
Mit den beiden Turmesspitzen:

Zephyr setzte sich auf eine,
Um zu strecken seine Beine.
Ihm tat's gut zu ruhen wieder
Und er konnte blicken nieder
Auf die Stadt und ihre Leute,
Was ihn wirklich sehr erfreute.

Als der Wind sein Haupt umströmte,
Es aus seinem Munde tönte:
„Welche Pracht mensch hier vollbrachte,
Welchen Raum man überdachte!
Niemals wurde unsern Göttern
Das erbaut von diesen Spöttern.

Heute glauben unten jene,
Dass nur einen Gott es gebe.
Nun sie müssen es ja wissen,
Da sie tun uns nicht vermissen.
Scheinbar fühlen sie sich sicher,
Wenn sie leben klösterlicher.

Aber tat für unsern Glauben
Niemand je die Unschuld rauben.
Unsre Kinder blieben reine,
Nicht wie die der Priesterschweine!
Nichtmal wurde sich entschuldigt,
Weiter nur dem ,Gott' gehuldigt.

Vieles bleibt uns noch verborgen;
Opfern bleiben ihre Sorgen.
Täter sind am länger'n Hebel.
Brüder stehen gern im Nebel,
Welchen Pater Woelki brachte
Als er mit dem Teufel lachte.

Vor Nebel können wir nichts sehen.
Dieser Kardinal muss gehen!
Fort mit diesem falschen Engel,
Er ist selbst des Bösen Bengel!
Doch die Kirche bleibt veraltet,
Auch wenn sie sich umgestaltet:

Frauen dürfen nicht mal priestern
Mit bei diesen Kirchenbiestern,
Weil die Jünger Männer waren
Kam es jetzt zu diesen Plagen.
Doch sie werden es schon merken,
Was sie tun mit ihren Werken.

Mensch wird nicht mehr lange beten,
Zum Gehassten übertreten.
Ohne Gott läuft alles besser –
Er ist auch bloß ein Erpresser!
An mich Alten müsst nicht glauben,
Ich will keine Köpfe rauben…

Auch in einer andern Sache
Ist die Kirche wieder schwache.
Es betrifft mich selbst am schwersten,
Gleich als einen von den Ersten.
Denn für alle die's nicht merken:
Die Natur gilt es zu stärken!

Sie ist in sehr schweren Nöten,
Menschen werden sie bald töten.
Und die Obersten des Glauben? -
Sie verschließen ihre Augen;
Auch wenn ihres Gottes Schöpfung,
Wie es scheint, erlebt die Köpfung."

Da wurd es dem Gott ganz schlechte
Von dem geistlichen Gefechte.
Schnell er wollt den Dom verlassen,
Der ihm tat nun nicht mehr passen.
Lieber fort zu einem Orte,
Der ihm raubt nicht gleich die Worte.

V. GESANG

Leicht hob er sich in die Lüfte,
Welche trugen Köllens Düfte.
Auf die leichte Schwalbenweise
Zog der Zephyr seine Kreise;
Großstadtlaute er nicht hörte,
Weil die Ruhe ihn betörte.

Über Dächern, über Türmen,
Wo die Winde heftig stürmen,
Schien der Welt das Glück beschieden –
Alles war erfüllt von Frieden.
Zephyr mocht' nach Ordnung sichten:
Menschen folgten ihren Pflichten.

Wieso sollte Zephyr wieder
Fliegen zu den Menschen nieder?
Hier, von oben strahlt' es magisch,
Unten war der Schein so tragisch:
Alle fest von Zeit besessen –
In der Luft ist sie vergessen.

Doch die Neugier lockte munter
Zu den tausend Menschen runter.
Diesmal zu den Bahnhofszügen,
Die sich strengen Zeiten fügen.
Er gesellte sich zu seinen
Und den grau-geflügelt Kleinen.

Dort sie saßen auf der Leitung,
Aber lasen keine Zeitung,
Da sie waren ja gefiedert;
Manche waren angewidert
Von den ekelhaften Menschen
Und besonders ihren Dämpfen.

Denn so manche Menschen rauchten,
Für die Süchte sie es brauchten.
Viele schmissen ihre Kippe
Einfach auf die Bahnsteigmitte.
Sehr egal wohl war es ihnen,
Dass sie so dem Teufel dienen.

Sie vergiften unser Wasser,
Trotzdem fühlen sie sich krasser.
Doch, was will mensch da noch machen
Gegen solche schlechten Sachen.
Zephyr wollte einfach schlafen;
Nur der Traum bot sich'ren Hafen.

Plötzlich kam der nächste Zuge,
Alle setzten an zum Fluge.
Auch der Zephyr musste eilen,
Konnte nicht im Traum verweilen.
Also ging's zum nächsten Kabel,
Um zu ruhen mit dem Schnabel.

Der Express, der sie verscheuchte,
Weiter bis Berlin nun fleuchte.
Als selbst Zephyr das bemerkte,
Ihm im Glauben das bestärkte:
„Dieser Zug ist wohl ein Wunder,
Keinesfalls ist er nur Plunder.

Er bringt hunderte von Menschen
Weit bis über Landesgrenzen!
Das ganz ohne jede Gase,
Die verpesten die Oase.
Und dann ist er auch noch schneller
Als so mancher Autoheller.

Deshalb kann ich nicht verstehen,
Dass sie mit dem Auto gehen,
Wenn das Auto doch verpestet,
Das sogar wurde getestet.
Manchen macht vielleicht es Spaße,
Nur zu fahren auf der Straße?"

Zephyr wurde unterbrochen,
Lauter Ton hat ihn durchkrochen.
Es war eine Zugdurchsage,
Die verkündete die Lage:
„Unser Zug kommt wieder späte,
Schön wär's, wenn es leid uns täte.

Doch das tut es uns mitnichten,
Auf Geld woll'n wir nie verzichten!"
Da wurd Zephyr schnell ganz blasse,
Denn das fand er nicht so klasse.
Er tat seine Meinung wenden,
Ließ sich nicht vom Schönen blenden:

„Jetzt kann ich sie nachvollziehen,
Dass sie vor den Zügen fliehen.
Wenn die immer später kommen,
Wird man ja wohl ganz benommen.
Reifen sind dann wirklich schneller –
Deutsche Bahn fährt in den Keller.

Auf Papier ist es echt tolle,
Auf den Schienen nicht so dolle.
Doch ich glaube, dass sie's schaffen
Nicht mehr weit zurück zu klaffen.
Dafür müssen sie was machen
Nicht bloß über alles lachen!"

VI. GESANG

Er verließ die Bahnhofshalle,
Es wurd hier zu voll für alle.
Lieber setzt er sich nach draußen,
Wo sie alle sich zerlaufen;
Auf die Hohenzollernbrücke,
Die ja lag nur weg ein Stücke.

Man benannte jene Brücke
Nach den Herrschern – wohl zum Glücke,
Die die Deutschen erst „vereinten",
Ob sie wirklich gut es meinten?
Denn sie brachten schlimme Kriege,
Für den zweiten gleich die Wiege.

Große starke Eisenbögen,
Die den Rhein bezwingen mögen,
Seinen Strom zu überwinden,
Drüber einen Weg zu finden,
Dazu man sie hier erbaute
Und es wurde keine Flaute.

Zephyr setzte sich auf einen
Von den starren Brückensteinen.
Auf den Rhein konnt' er hier schauen,
Auch auf seine Wasserauen,
Die in starken Strömen flossen
Und sich in die Welt ergossen.

Dieser Fluss war ziemlich volle,
Hatte eine Strömung dolle.
Wasser stieg weit in die Höhe,
Hinterließ manch kalte Böe.
Doch zum Glück gab es die Dämme,
Welche hielten ab die Stämme.

Von des Zephyrs warmen Lüften,
Die er brachte an die Küsten,
Sind geschmolzen weiße Decken,
Die nun flossen in die Becken.
So kam es zum hohen Wasser,
Welches machte Füße nasser.

Zephyr dachte an den Sommer,
Wo das Wasser war viel frommer:
„Was ich nun am Rhein hier sehe,
Ich es wirklich kaum verstehe.
Vorher war das Wasser niedrig,
Für das Leben war es widrig.

Fische tot am Ufer lagen,
Starben an den Hitzeplagen.
Ja der Fluss er war so flache
Und sein Strom glich einem Bache.
Zu den Ufern konnt' mensch laufen,
Ohne gleich drin zu ersaufen.

Selbst die Schiffe fuhren selten,
Fast wie in ganz andern Welten.
Was der Rhein ist ohne Schiffe,
Lediglich ein Tal voll Kliffe?
Gar die Loreley erstickte,
Weil kein Wasser sie erblickte.

Um ihr Leben rang die Nymphe,
Doch ihr klebte bald die Lymphe
In den Adern ohne Wasser,
Ihre Häute wurden blasser.
In der See fand mensch die Leiche
Ganz zerfressen und als Bleiche.

War's das mit dem schönen Rheine,
Ist er jetzt nicht mehr so feine?
Ist es Sommer, wird er flacher,
Führt in sich nur wenig Wasser.
Kommt der Frühling, wird er volle,
Führt in sich mehr als er solle.

Das sind wohl zwei Gegenteile;
Wechseln sich nach einer Weile.
Kann der Rhein denn so bestehen
Oder muss er doch vergehen?
Zwischen zwei Extremen schwanken,
Macht aus ihm bald einen Kranken.

Es wird Zeit das Blatt zu wenden
Und den Wandel zu beenden!
Es sind eure großen Pflichten,
Die Geschichte umzudichten,
Für ein wirklich gutes Ende,
Das für euch spricht wahre Bände."

Aber plötzlich schlug ein Stamme
Fast wie eine starke Ramme
An die Pfeiler von der Brücke.
Da sprang Zephyr hoch ein Stücke,
Setzte sich auf das Geländer,
Ein recht sich'rer Ruhespender.

Dort vorbei nun liefen viele,
Alle hatten ihre Ziele.
Keiner aber hatte Ruhe -
Wie gefang'n in einer Truhe.
Niemand sah mit seinen Blicken,
Zephyr hier den Frühling schicken.

Manche schauten auf ihr Handy,
Selbstverständlich war es trendy.
Andre waren wie im Tunnel
Und ihr Geist nur noch ein Stummel.
Aber alle sie nicht schauten
Nach dem, was sie hier erbauten.

Zephyr machte sich ein Spaße
In gar völlig neuem Maße:
Er verwandelt sich zum Gotte
Und zwar zu des Menschen Spotte,
Denn kein Einz'ger von den Menschen
Sah den Gott mit Winden kämpfen.

Hier vor ihren stummen Augen,
Welche für den Bildschirm taugen,
Zeigte sich der Gott der Winde,
Aber alle blieben Blinde.
Er schien für sie bloß ein Schemen;
Niemand wollte ihn vernehmen.

Da sprach Zephyr zu sich selber:
„Denken sie nur noch an Gelder,
Dass sie mich nicht sitzen sehen,
Einfach stur nur weitergehen?
Umwelt ist dann ja verloren,
Sie steht vor verschloss'nen Toren."

Zephyr hat sich schon verwandelt,
Dachte es ist ausgehandelt.
Doch das war noch nicht das Ende,
Sondern erst die Zwischenblende,
Denn es kam ein altes Pärchen
Wie so manches aus den Märchen.

Sie erfreuten sich am Tage,
Trotz der ganz normalen Lage.
Einer von den beiden Alten
Ließ dann seine Stimme walten:
„Schau doch nur der schöne Vogel,
Schon ein zarter Frühlingshobel."

Und der andre Alte sagte:
„Oh, dass der schon her sich wagte!"
Zephyr konnt' so wieder hoffen:
„Ihre Augen sind doch offen.
Sie sind wohl noch nicht verloren,
Ja vielleicht sogar erkoren!"

Nun mit dieser Hoffnung machte
Er sich auf zum Fluge sachte.
Ließ sich tragen von den Winden,
Welche ihre Wege finden.
Die Stadt Köln blieb nun zurücke,
Zephyr wünschte ihr viel Glücke.

VII. GESANG

Also führte seine Reise
In die Stadt ganz andrer Weise;
Es ging mit dem Rhein hinunter,
Zephyr war nun wieder munter.
Bald konnt' er die Stadt schon sehen
Mit dem Turm, der sich tat drehen.

Blanke starre Pfeiler standen,
Dass sie sich zum Himmel wanden;
Mauern glatt und ohne Freuden,
Man sieht es an den Gebäuden.
Alte wurden weggerungen
Für den Mann von Geld verschlungen.

Jetzt habt ihr bestimmt erraten,
Welche Stadt wir jetzt erwarten.
Sicher ist es Düsseldorfe,
Eine Stadt, die schon recht forsche.
Köln und sie sind echte Feinde,
Werden niemals `ne Gemeinde.

Köln hat Charme, ja ohne Zweifel,
Düsseldorf ist ziemlich eitel.
Überall zeigt sich das Neueste,
Vom Konsum die starken Fäuste.
Ist das so denn wirklich richtig
Oder vielmehr uneinsichtig?

Zephyr sah die vielen Stellen,
Wo sie bauten neue Zellen;
Wieder kalte Glasfassaden,
Standen dort wie Barrikaden.
Fenster waren gut verspiegelt,
Fast nach außen hin versiegelt.

Denn mensch mochte wohl nicht sehen,
Was dahinter tat geschehen;
Ja, Geschäfte mit den Geldern,
Die sie pressten aus den Wäldern.
So sie werden immer reicher,
Doch ihr Herz, das wird nicht weicher.

Weiter flog der Frühlingsbote,
Sah die vielen Angebote,
Die in Einkaufsstraßen locken
Wie zum Sonntag Kirchenglocken.
Und die Leute folgten diesen,
Statt zu geh'n auf grüne Wiesen.

Aber jetzt erst kam das Schlimmste,
Zephyr hielt es für das Dümmste.
Er kam nämlich zu der Straße,
Die ging über alle Maße.
Und zwar die Allee vom König,
Alles andre als eintönig.

Überall nur Glaspaläste,
Für die Reichen nur das Beste;
Angefüllt mit teuren Sachen,
Die nur jenen Freude machen,
Welche tragen könn'n die Kosten
Und dafür nicht müssen rosten.

Alles lief im Überflusse,
Keine Zeit mehr für Genusse.
Jeden Tag die feinsten Kleider,
Und das nicht nur für die Weiber.
Auch die kalte Elektronik
Reiht sich ein in diese Chronik.

Zephyr sprach in seinem Kopfe:
„So jetzt überläuft der Topfe;
Diese menschgemachten Plagen
Kann die Welt nicht mehr ertragen.
Viele reiche Säcke drücken
Ihre Last auf arme Rücken.

Sie bereichern sich an Leuten,
Die sie völlig auserbeuten.
Reiche werden immer reicher,
Arme werden immer bleicher.
So kann's doch nicht weiter gehen,
Tut das niemand denn verstehen!?

Marx verstand es schon vor Jahren,
Er sah alles ganz im Klaren.
Trotzdem ging es immer weiter,
Niemand wurde echt gescheiter.
Wird es je ein Ende geben,
Dass wir könn'n zusammen streben."

Da wurd' Zephyr schon ein Opfer,
Man könnt sagen Fensterklopfer,
Denn die spiegelglatten Flächen
Taten sich für Worte rächen.
Er sah sie so schnell nicht kommen,
Lag nun unten ganz benommen.

Zwar so viele Menschen liefen
Hier vorbei, sie aber schliefen,
Weil da keiner tat sich bücken,
Um den Vogel hoch zu rücken.
Alle eilten sie nur weiter,
Ob wohl zur Karriereleiter?

Alle hielten sich für Welfen,
Selber musste er sich helfen.
Drückte sich bloß schwach vom Boden
Und gelang ein Stück nach oben,
Aber ständig diese Schritte,
Welche wurden fast schon Tritte.

Schließlich konnt' er raus sich kämpfen
Aus dem Wald von lauter Menschen.
Flog so schnell wie er nur konnte
Hin zum weiten Horrizonte.
Düsseldorf er ließ zurücke,
Besser war das für sein Glücke.

VIII. Gesang

Weiter ging es nun nach Osten,
Wo die alten Zechen rosten,
In die Industriegebiete,
Welche bringen kaum Profite.
Geld kommt bloß noch aus den Schulden,
Lässt sich das noch länger dulden?

Eisenhütten sind erloschen,
Bringen keinen einz'gen Groschen.
Wo einst Glut und Feuer waren,
Kam die Brache mit den Jahren.
Letzte Schreie hallen wider,
Aber hier gibt's keinen Sieger.

Kohle bracht den Wohlstand here,
Doch jetzt sind die Zechen leere.
Fördertürme stehen stille,
Zirpen tut jetzt hier die Grille.
Dort roll'n keine Güterwagen,
Das gehört vergang'nen Tagen.

Vor nicht allzu vielen Jahren
Tat der letzte sich verwahren
Von den vielen Kohlebrüchen;
Das war es mit den Gerüchen,
Die die Kohle mit sich brachte,
Als sie laut im Feuer krachte.

Städte stehen dicht gedrungen
Von der Industrie bezwungen.
Doch sind sie denn noch so schöne
Ohne laute Hammertöne
Oder ist ihr Geist verloren
Und er weilt mit bei den Horen?

Viele haben sich entschlossen
Und es schon in Zinn gegossen;
Denn sie gingen fort für immer
An den Ort, wo's wenig schlimmer.
Manche zog es in den Süden,
Wo es Bier gibt und Vergnügen.

Einer sah es nicht so düster
Wie so viele der Verwüster,
Er erblickte Hoffnungslichter
Und wohl manche Zukunftsrichter.
Zephyr sah darin die Chance,
Um zu finden die Balance:

„Zechen sind jetzt zwar geschlossen
Und die Gelder längst verflossen,
Aber es ist nicht das Letzte,
Was das Ruhrgebiet versetzte;
Es ertrug schon viele Leiden,
Doch es konnte immer bleiben.

Zeit für einen neuen Wandel,
Schluss mit jenem kurzen Handel.
Die Struktur gilt es zu ändern,
Wie schon in manch andern Ländern.
Was dort ist schon längst gelungen,
Geht auch hier, wohl notgedrungen.

Kohle fand ein jähes Ende,
Das ist gut für das Gelände;
Ihre Zeit war abgelaufen,
Niemand möchte mit ihr tauschen.
Doch so ist es wirklich besser,
Es gibt keinen Umweltfresser.

Es zwar fordert neue Opfer
Und der Wandel ist der Klopfer,
Der die Arbeitsplätze fordert
Und die Krise hierher ordert,
Aber bald schon kommen neue
Arbeitsstellen ohne Reue.

Ja, es ändern sich die Zeiten,
Neue Kräfte werden leiten;
Statt der Kohle kommt das Grüne
Als zu lang erhoffte Sühne;
Ära schwarzen Drecks und Staube
Kommt zu Ende ohne Glaube."

Bald kam Zephyr schon nach Essen,
Wo der Zollverein gesessen,
Jetzt die Zeche ist versiegelt,
Auch die Schächte gut verriegelt;
Aber es war nicht das Ende,
Sondern der Beginn der Wende.

Statt der vielen grauen Straßen,
Die die Lust der Menschen aßen,
Bald gelangte viel vom Grünen
In die Stadt der Kohledühnen.
Zephyr mochte die Verwandlung,
Es ist ihm die liebste Handlung:

„So wie es hier ist in Essen,
Glaub ich fast ich wär' in Hessen;
Sie bemühten sich für Flächen,
Um sich an dem Schmutz zu rächen.
Bäume pflanzten sie zum Schutze
Und nicht nur aus Eigennutze.

Auch Kultur der Wandel brachte,
Wo der Rauch bloß vorher wachte,
Drum die Zeche Zollvereine
Wurde eine wirklich feine;
Sie ist jetzt ein Weltenerbe
Und gehört der ganzen Erde."

Weiter ist der Wind getrieben,
Zephyr musste mit ihm fliegen.
Es war keine Zeit zu bleiben,
Wenn Temperaturen steigen;
Flora sicher tut schon warten
In dem wunderschönen Garten.

Umso schneller flog er weiter,
Das sogar noch ziemlich heiter;
Zog vorbei an allen Städten,
Ohne sich an sie zu kletten.
Dortmund ließ er selbst links liegen,
Auch wenn er es sonst tat lieben.

IX. Gesang

Weiter ging die Frühlingsreise,
Wo am Ende warten Preise;
Diese galt es zu erringen,
Ob es Zephyr wird gelingen?
Noch ist Flora in der Weite –
Zephyr nicht an ihrer Seite.

Tag, der neigte sich dem Ende,
Zephyr war noch in der Fremde.
Langsam ging die Sonne unter,
Macht den Himmel etwas bunter;
Rote Töne weit im Westen
Waren heut' am allerbesten.

Doch der Bote musste finden
Einen Ort zum überwinden
Der bald droh'nden Dunkelheiten
In den kalten Nachteszeiten.
Sehr gut wär' ein weiter Garten,
Aber der ließ auf sich warten.

Suche zog sich in die Länge,
Denn es gab nur eine Menge
Unbegrünter grauer Flächen,
Die ihn brachten fast zum Brechen;
Wohl er mochte es nicht glauben,
Wie sie die Natur berauben:

„Es ist wirklich nicht zu fassen,
Was passiert in diesen Gassen;
Überall sind bloß noch Steine,
Ich seh' keine grünen Keime.
Häuser stehen in der Reihe,
Jedes für sich aber freie.

Statt den Pflanzen auf der Wiese
Graue Mauern und dann diese
Kleinen harten Kieselsteine,
Die ich liebend gern beweine.
Doch wo sind denn die Begonien,
Gibt's sie nur noch auf Balkonien?

Jeder will ein Haus im Grünen,
Keiner will dafür noch sühnen.
Zu Beginn sie rauben Flecken,
Wo die Tiere sich verstecken;
Dann beginnt der Bau des Schlimmen,
Während sie nach Zukunft sinnen.

Dann sie woll'n `nen großen Garten,
Arbeit soll da aber warten.
Lieber glatte graue Pflaster
Als das grüne Arbeitslaster -
Statt den bunten Gärten vorne
Gibt es tote trocknen Sporne.

Also lebt hier mehr Bitumen
Als manch schöne Sommerblumen.
Die Natur wird langsam spröde;
Was dann bleibt, ist eine Öde.
Alles Leben hier wird sterben;
Wichtig ist – das Haus hat Erben.

Sicher findet mensch mehr Pflanzen,
Welche in der Sonne tanzen,
Auf Balkons der großen Städte
Und so manchem Pflanzenbrette.
Doch vielleicht wird es bald geben
Eine Pflicht zum Pflanzen pflegen."

Stille flog er weiter suchend,
Wohl im Geiste heftig fluchend.
Schließlich fand er einen Garten,
Der ließ lange auf sich warten.
Grün war er in ganzer Fülle,
Nicht nur eine leere Hülle.

Gar ein Futterhaus hing oben
In des Baumes weiten Kronen,
Dass der Winter für die Finken
Wird nicht mit dem Tode winken.
Zephyr konnte hier gut schlafen,
Da es gab nichts zu bestrafen.

X. GESANG

Schlaf, der kam ergreifend schnelle,
Hypnos war sofort zur Stelle;
Kam herab vom vollen Monde,
Der am Himmel oben thronte.
Zephyr war sogleich benommen,
Als der Schlafgott war gekommen.

Seine Kraft war bloß die Halbe
Für den Schlaf der Zephyr-Schwalbe,
Denn der andre Teil noch fehlte,
Der genauso viel auch zählte.
Was auch wär' das Abendschlafen
Ohne Träume, die uns strafen?

Also kam der Sohn des Gottes
Und er brachte etwas Flottes;
Morpheus ist sein Göttername,
Träumen schafft er eine Bahne.
Er stieg vom Olymp herabe
Als des Vaters müder Knappe.

Von den Träumen ist er Meister,
Schickte Zephyr seine Geister,
Um den Schlaf ihm zu verschönen,
So kann er der Liebe frönen
Und den seichten Klängen lauschen,
Die bringt mit das Brunnenrauschen...

Zephyr war verträumt im Garten,
Wo tat Flora auf ihn warten;
Der war voll von reichen Knospen
Auf den allerletzten Posten,
Kurz bevor sie ganz zerplatzen
Und als bunte Blüte pratzen.

Leise rauschte fern ein Brunnen,
Bienen taten liebend summen.
Mit dem Plätschern noch im Ohre
Kam er zu dem weißen Tore.
Dies war ganz umschlung'n von Ranken,
Fast wie grüne Dornenschranken.

Doch als Zephyr sie berührte
Und er ihre Dornen spürte,
Öffnen sich die grünen Schranken,
Sicher um sich zu bedanken.
Tor, das stand nun wieder offen,
Für den Winter war's geschlossen.

Zögernd trat er in den Tempel,
Überall lag etwas Krempel,
Der sich staute über'n Winter,
Aber der liegt weit dahinter.
Zephyr bahnt' sich seine Wege,
Flora brauchte seine Pflege.

Sachte trat er in das Zentrum
Des recht schön geblümten Templum.
Da erblickte er die Schöne,
Für die Mühen seine Löhne.
Doch sie blieb noch fest verschlossen,
Bis der erste Kuss geflossen.

Zephyr nährte sich der Blume,
Welche stand vor einer Rune.
Schließlich küsste er die Knospe,
Er befreite sie vom Froste.
Gleich darauf begann die Blüte
Mit dem Zeigen ihrer Güte.

Eine solche bunte Pflanze
Hat verkündet die Romanze;
So wurd' aus dem bunten Strauße
Flora, unter dem Applause
Ihres Gatten und der andern,
Die im Himmel oben wandern.

Sie trug Kleider ganz aus Blüten
Wie in jenen alten Mythen
Und ihr Haupt trug eine Krone
Prächtig – zu des Königs Hohne.
Sie dann sprach zu ihrem Lieben,
Unterdessen Rosen trieben:

„Wo bist du so lang geblieben,
Mein Herz tat dich immer lieben.
Komm zu mir und gib mir Wärme,
Die sonst liegt für mich in Ferne,
Um den Frühling zu erwecken,
Dass bunt blühen unsre Hecken."

Zephyr trat so zu der Zarten,
Um den Frühling nun zu starten.
Leicht berührte er den Körper,
Sagte manche liebe Wörter,
Doch die Blüten! Sie zerfielen,
Kälte fing schon an zu zielen.

Anders als die kräft'ge Nelke
Wurde Floras Körper welke.
Zephyr fragte die Geliebte,
Was sie in den Tode wiegte.
Ihre Antwort lag im Klaren
Und klang dröhnend wie Fanfaren:

„Die Natur steckt in der Krise,
Das war es mit grüner Wiese."
Da verstummten ihre Lippen,
Schwach begann sie weg zu kippen
Und verwelkte wie im Herbste –
Eigentlich ist sie die Stärkste…

XI. GESANG

Plötzlich kam der Traum zum Ende,
Wieder war es `ne Legende;
Keins war echt von jenen Dingen,
Morpheus tat sie ihm vorsingen.
Aber nun da kam der Morgen
Und mit ihm wohl manche Sorgen.

Augen war'n noch fest verschlossen,
Doch Licht kam herab geflossen,
Brachte mit die neuen Stunden,
Die an Tag und Nacht gebunden.
Erste rote Sonnenstrahlen
Blühend sich zum Himmel malen.

Auf die nahen Abendländer
Legt Aurora ihre Bänder;
Taucht sie in die Morgenröte,
Lässt vergessen kurz die Nöte.
Doch bald kommt Apollos Wagen,
Welcher tut die Sonne tragen.

Während sie den Tag mit brachte,
Allen zeigte ihre Prachte,
Sah sie ihren göttlich Kleinen,
Für sich auf dem Baume weinen.
Kam sofort zu ihm herunter,
Dass er wird schnell wieder munter.

Drum sie fragte ihren Sohne
Im geübten sanften Tone:
„Liegt dir etwas schwer mein Lieber,
Du singst keine schönen Lieder;
Ist der Grund der kalte Morgen?
Wärme kann ich schnell besorgen."

Zephyr sprach auf diese Frage
Und erklärte ihr die Lage:
„Nein, es liegt an einem Traume,
Der verdarb mir schnell die Laune."
Sorgend fragt' die Morgenröte:
„Was gab es für Traumesnöte?"

„Ach, es war'n nur schlechte Spiele,
Welche hatten keine Ziele.
Dennoch trafen sie die Herzen,
Hinterließen starke Schmerzen.",
Sagte Zephyr auf die Frage
Nach der wohl bekannten Lage.

Doch sie gab sich nicht zufrieden,
Wollte lieber alles kriegen:
„Sag mir mehr von dem Geschehen,
Ich will alles sicher sehen."
Zephyr sprach noch etwas weiter,
Aber wirkte nicht sehr heiter:

„Ich sah Flora vor mir stehen
Und ich wollte zu ihr gehen.
Ihre Stimme ließ verblühen
Für mich all die vielen Mühen.
Wo ich zu ihr hingetreten,
Tat ich plötzlich wieder beten.

Denn als ich die Blumen spürte,
Flora nur ganz sanft berührte,
Tat ihr Körper stumm verwelken
Wie im Herbst sonst nur die Nelken.
Alles war so schnell zerronnen,
Hatte es nicht mal gewonnen."

„Also mein geliebtes Kinde
Mach dich lieber auf geschwinde.
Dieser Traum war eine Warnung
In geheimnisvoller Tarnung.
Flora kämpft wohl mit Gefahren,
Welche vorher nicht da waren.

Lass dich aber nicht beirren
Oder gar vom Traum verwirren,
Denn das Ende ist noch offen,
Demnach können wir noch hoffen;
Alles kommt in seine Richtung,
Böses kriegt dann keine Wichtung.

Folge jetzt den milden Winden!
Diese werden Flora finden.",
Sagt' Aurora zu dem Sohne,
Aber nun mit strengem Tone.
Dann verschwand sie gar so schnelle,
Wie sie kam zur bitt'ren Stelle.

Zephyr fasste seine Sinne
Aus dem wirren Traumgerinne;
Machte sich zum Flug bereite
Und flog wieder in die Weite,
Hin zum hellen Sonnenwagen,
Welcher hielt bereit die Gaben.

XII. GESANG

Nun flog er die Ruhr hinaufe,
Folgte ihrem trüben Laufe.
Kam vorbei an manchen Städten,
Menschen lagen dort in Ketten;
War'n gefesselt starr an Blöcke
Und gefoltert durch die Stöcke.

Denn sie mussten unterwerfen
Ihre allzu schwachen Nerven
All der Arbeit und den Plagen.
Das an allen Lebenstagen;
Nur noch geht es um Profite
Und um gute Lohnrendite.

Gut tut das wohl kaum den Menschen,
Jeden Tag sie müssen kämpfen.
Reichtum gibt es nur für jene,
Die sich zeigen als Hyäne.
Wohlstand fordert auch Dispute,
Die Natur zahlt die Tribute.

Doch für Klagen fehlten Zeiten,
Zephyr musste schneller gleiten;
Sein Ziel lag noch immer ferne,
Dort gab es noch keine Wärme.
Oft sind bitterkalte Mächte
Herrscher über alle Nächte.

Frost, der kehrt doch immer wieder,
Legt sich auf die Wiesen nieder.
Treiben könn'n so keine Pflanzen,
Da sie müssen sich verschanzen.
Aber Zephyr kommt zur Hilfe,
Retten wird er dann das Schilfe.

Doch er wurd' kurz aufgehalten
Frühling konnt' sich nicht entfalten.
Jedenfalls war er in Kassel,
Hörte nicht die Brunnenrassel,
Weil der Frost noch immer walte,
War's dafür noch viel zu kalte.

Er wollt sowieso mitnichten
Heute Wilhelmshöhe sichten,
Jenes Schloss mit seinem Parke,
Wo weit oben steht der Starke:
Herkules, vom Zeus der Sohne,
Halbgott nur zu Heras Hohne.

Denn es trieb ihn ja nach Osten,
Dort wollt er von Flora kosten.
Aber diese Teufelswerke,
Raubten ihm beinahe die Stärke;
Großes Werk für Autoteile
Steht hier schon `ne ganze Weile.

Es gehört dem Volkeswagen,
Der ist noch von alten Tagen.
Zephyr wollt' es gar nicht fassen,
Was sie hier an großen Massen
Von Getriebeteilen bauen –
Gierig uns die Zukunft klauen:

„Werk, das ist die größte Schande,
Geht es um die Umweltbande!
Was man hier tut täglich bauen,
Raubt den Menschen das Vertrauen.
Sollt der Motor mit den Ölen
Eigentlich dem Tode frönen!

Aber hier wird er noch immer,
Das vielleicht sogar noch schlimmer,
Jeden Tag brandneu geformet,
Immer ganz genau genormet,
Um noch viele andre Gase
Mit zu tun in die Oase.

Und sie wissen es selbst besser,
Dass sie sind der Klimafresser.
Dennoch treiben sie es weiter,
Denn Geld macht sie ziemlich heiter.
Zukunft ist da nicht zu sehen,
Zeit, die bleibt hier sicher stehen.

Wenn sie sich nicht bald verändern,
War es das mit den Gewändern;
Zeit, die ist bald abgelaufen,
Einen neuen Weg zu taufen.
Zwar sie wagen schon Versuche,
Doch sie gleichen einem Tuche.

Jetzt gilt es den Strom zu nutzen,
Um die Autos aufzuputzen!
So allein gelingt die Wende
Und es gibt kein schlimmes Ende;
Nur die Forschung kann jetzt helfen,
Sie sind unsre neuen Elfen.

Also lieber Volkeswagen,
Diesmal höre meine Klagen.
So kannst du dich und uns retten,
Tust dich nicht ganz doll verwetten.
Hoffentlich tust du es raffen
Und schlussendlich doch noch schaffen."

So flog Zephyr weg vom Werke,
Ob es ihn ein bisschen stärkte?
Ein Geschenk, das ließ er ihnen,
Möge es ein wenig dienen:
Jene Last konnt' er nicht tragen,
Hinten raus trat sie zu Tagen.

XIII. GESANG

Zephyr eilte Richtung Harze,
Wo die Hexen mit der Warze
Ihre Zauberworte sprechen,
So sich an den Menschen rächen.
Weither sah er schon den Brocken,
Dort die Hexen kichernd hocken.

Vor den grünen Wäldern warten
Viele Straßen auf den Karten;
Auch so manche Autobahnen,
Die das Grüne eng umrahmen.
Zephyr folgte ihrem Laufe -
Von der Hölle in die Traufe.

Dass er hörte wieder Stimmen,
Tat er über Straßen sinnen:
„Autobahnen sind schon tolle,
Werden sie auch manchmal volle,
Denn sie führen dich zu jenen,
Die du tust so sehr ersehnen.

Doch natürlich nur als Mensche,
Götter brauchen keine Dämpfe,
Um sich schnell fort zu bewegen,
Tun sie bloß die Flügel heben.
Menschen sei dies gar nicht eigen,
Niemals taten sie es zeigen.

Andren ist dies auch nicht eigen,
Jene, die stumm steh'n auf Weiden.
Unser Wild, das kann nicht fliegen,
Wie soll's über Straßen siegen?
Autos sind die großen Feinde,
Soll es geh'n zu der Gemeinde.

Ochsen, die aus Stahl sind, rasen,
Nehmen mit sich manchen Hasen.
Diese könn'n wohl nicht entweichen,
Enden blutig-rot als Leichen.
Noch viel schlimmer ist's für Igel,
Enden sie als Straßensiegel.

Fahrer haben's auch nicht leichter,
Da sie müssen diesen Kleister
Von dem teuren Luxuswagen
Nun auch wieder ab noch schaben!
Nachher kommt es gar zu Schäden,
Dann sie müssen in die Läden.

Eines aber ist viel schlimmer,
Manche hören es fast immer:
Diese lauten Autotöne,
Wälder machen sie gleich schöne,
Hört man ihre leichten Klänge
In so möglichst lauter Menge."

Zephyr wurd' es schnell zu laute,
Seine Stimmung wurd' zur Flaute;
Er begab sich von der Straße
Über alle Automaße
Hin zu unbestellten Feldern,
Fehlt's den Bauern hier an Geldern?

Angenehmer konnt' er fliegen,
Sanft sich in den Strömen wiegen;
Er musst kaum die Flügel schlagen,
Weil die Winde ihn frei tragen.
Ruhe hörte er so gerne,
Lag sie meistens in der Ferne.

Letztlich sind die weißen Riesen,
Die dort steh'n auf weiten Wiesen,
Ein Versuch und eine Plage,
Was genau tritt bald zu Tage,
Dann wir werden staunend sehen,
Ob sie bleiben wirklich stehen."

XIV. Gesang

Zephyr aber war nun zwischen
Vielen Bergen und so frischen
Bächen, die so sprudelnd fließen
Und die Pflanzen kühlend gießen.
Ihre Quellen sind so reine,
Denn hier trank sogar schon Heine.

Plätschernd sprudeln viele Strahlen,
Die sich dann zu einem malen,
Werden so zum starken Flusse,
Für die Fische gar zum Busse;
Bahnen sich den Weg zum Tale
Und noch weiter bis zur Saale.

Doch hier gibt es nicht nur Wasser,
Der Harz ist schon etwas krasser:
Grüne Bäume schmücken Felder,
So entstehen große Wälder;
Dichte Blätter und auch Nadeln
Laden hier oft ein zum Radeln.

Noch vor Menschen lockt's die Tiere,
Wohl auch deutlich mehr als viere,
In die Wälder dieser Berge;
Rehe bilden eine Herde,
Luxe jagen wieder Hasen,
Vögel springen auf dem Rasen.

Und um diese Welt zu schützen,
Ja mal der Natur zu nützen,
Überlegten sich die Menschen,
Diesmal nicht für sich zu kämpfen,
Sondern die Natur zu wahren
Vor den falschen Gelderscharen.

Jetzt ist er ein Schutzgebiete,
Aber erst die halbe Miete,
Geht es um das ganze Lande,
Fehlt da noch das grüne Bande;
Viel zu machen gibt es immer,
Irgendwann wird es nur schlimmer.

Zephyr war bereits am Brocken,
Dachte, es konnt' ihn nichts schocken,
Doch er musste sich ja irren
Und mal wieder selbst verwirren.
Bäume trugen keine Nadeln;
Muss mensch hier den Menschen tadeln?

Wo einst standen grüne Tannen,
Muss mensch um ihr Leben bangen,
Denn sie sind nun völlig Nackte,
Deren Grün die Dürre packte.
Zephyr wollt' sich nicht gestehen,
Dass hier tote Bäume stehen:

„Wie ist dieses Schicksal möglich,
Ist es nicht für alle tödlich?
Bäume, die einst stolz hier standen
Und sich zu der Sonne wanden,
Haben bloß noch kahle Äste,
So ist's sicher nicht das Beste.

Ihre ach so langen Leben
Müssen sie dem Tode geben,
Weil sie sind fast tödlich Kranke,
Bald sogar noch völlig Blanke.
Etwas haben wohl die Fichten,
Dass sie ihre Äste lichten."

Zephyr hört an jenem Punkte,
Dass im Wald ein Wesen funkte;
Traurig klang die Waldesstimme,
Hoffentlich ist es nicht schlimme.
Doch sie wurde immer schriller
Und im Klagen nimmer stiller.

Zephyr flog gleich in die Bäume,
Hielt es aber schnell für Träume,
Denn er sah hier keinen schreien,
Sein Verstand tat sich ausleihen.
Aber es tat wieder rufen,
Also flog er weiter suchen.

Schließlich fand er zwischen Fichten,
Die sich auch so langsam lichten,
Jenen, der ihn hergerufen
Und er lief auch noch auf Hufen.
Er war ein Faun, welcher Wälder
Rettet lieber als sich selber.

Er wohl hatte große Nöte,
Denn er spielte keine Flöte,
Auch wenn er sonst jene Töne
Findet wirklich wunderschöne.
Schlimmes kam in seine Welten,
Die sonst friedlich, das ist selten.

Da er Faun ist und kein Mensche
Man erwartet keine Kämpfe,
Zeigt sich Zephyr ihm als Gotte
Und nicht nur als kleine Motte,
Denn er sollte ja gleich wissen,
Dass er braucht den Gott nicht missen.

Zephyr sprach zu diesem Knaben:
„Was ist los, was willst du haben?
Deine Schreie klangen fluchend
Und nach Hilfe dringend suchend.
Also kam ich dir zur Seite,
Fand dich in der großen Weite."

Der Gehörnte war wohl schüchtern
Und sprach demnach etwas nüchtern:
„Danke dir für deine Schnelle,
Dass du warst sofort zur Stelle;
Fandest mich so tief im Walde
Oder sollt ich sagen Halde.

Doch ich muss dir leider sagen,
Dass du mir bei meinen Plagen
Selbst als Gott der milden Winde
Wärst nur eine weit're Binde,
Die mir bringt auch nicht das Ende
Jener Not für das Gelände."

„Das wir werden schon noch sehen,
Lass mich jetzt nicht weiter flehen;
Sag mir, was sind deine Nöte,
Da du spielst ja keine Flöte.",
Zephyr sprach und wollt ein Zeichen,
Dass ihm tut die Richtung weisen.

Also sprach der Faun zum Boten:
„Siehst du nicht die vielen Toten?
Bäume werden völlig kahle,
Das hinunter bis zum Tale.
Wie willst du mir da denn helfen,
Wenn es schaffen nicht mal Elfen?

Das Problem kannst du nicht heilen,
Ja! Es wird noch weiter weilen
In den ganzen Fichtenbäumen
Und verzerrt in meinen Träumen,
Die mich in der Nacht verfolgen,
Mir den Schlaf nicht schön vergolden.

Alles liegt an einem Käfer,
Welcher ist ein Winterschläfer.
Er legt seine Unglückseier
In des Baumes harten Schleier.
Wenn die kleinen Maden fressen,
Kann mensch gleich den Baum vergessen.

Eigentlich ist das nicht schlimmer,
Denn den Käfer gab's schon immer;
Aber wenn der Sommer trocken,
Tut das meine Bäume schocken,
Ihnen fehlt das wicht'ge Wasser
Und das Harz wird nicht mehr nasser.

Alle letzten Sommer waren
Trocken wie in keinen Jahren.
Wasser war für Wurzeln ferne,
Hätten sie es noch so gerne.
Anderswo tun Sprenger gießen,
Hier tut nicht ein Rinnsal fließen.

Bäume konnten sich nicht wehren
Und die Käfer von sich kehren,
Da es fehlte ihn'n der Kleister,
Harz nennt es so mancher Meister.
Mein Wald findet so sein Ende,
Kommt nicht bald noch eine Wende!"

Zephyr sprach auf diese Worte
An dem ganz besond'rem Orte:
„Lass nicht ab von deinem Glauben
Und dir gar die Hoffnung rauben,
Denn es kommen wieder Zeiten,
Wo die Bäume sich selbst leiten.

Sie erholen sich bald selber,
Nadeln werden nicht viel gelber.
Grüne Farben werden kommen,
Machen dich dann ganz versonnen.
Alles aber braucht die Stunden,
Um zu heilen seine Wunden."

„Mir tut's leid, ich muss dir sagen,
Dass wohl meine vielen Klagen
Allesamt die Wahrheit sprechen,
Ja das Schicksal wird sich rächen.
Dieser Wald wird nicht mehr stehen,
Wenn die letzten Tage gehen.

Du tust immer Hoffnung saugen
Aus gespielten guten Glauben,
Aber ich werd' es dir zeigen,
Dass du dich tust selbst forttreiben.
Komm, ich führ dich zu dem Orte,
Der bald ändert deine Worte.",

Sprach der Faun zum Hoffnungsvollen,
Der ihm hätte glauben sollen.
Also folgte Zephyr jenem,
Der sich nimmt bald selbst das Leben,
Da er wollte nie mehr glauben,
Ließ sich alle Hoffnung rauben.

XV. Gesang

Durch den Wald es führte beide,
Gar vorbei an mancher Weide.
Erste zarte Frühlingsblüher,
Die es gab ja auch schon früher,
Taten dort erst langsam wachsen,
Knospen durch den Boden knacksen.

Auch die Sonne schien vom Himmel,
Vögel sangen im Gewimmel.
Letzter Schnee begann zu tauen
Und zu fließen in die Auen.
Frühling war's, mensch könnte meinen,
Zählt mensch ihn schon zu den seinen.

Doch es führte unsre beiden
An den Ort, der nur für Heiden;
Eine Höhle schwarz und dunkel,
Nicht ein einz'ger Tagesfunkel.
Zephyr fragte dann den Faune
Ängstlich nach dem Höhlenraume:

„Sag mir, was ist diese Höhle,
Riech' ich sonderbare Öle?
Wollen wir sie gar betreten?
Denn dann muss ich wirklich beten."
Der Gefragte dann schnell sagte
Zu dem Zephyr, der ihn fragte:

„Welcher Grund uns sonst herführte,
Wenn uns nicht die Grotte rührte?
Also wollen wir erkunden,
Was an Dunkelheit gebunden;
Welche Zukunft auf uns wartet,
Alles das dort drinnen startet."

Schließlich gingen die Gefährten,
Ohne dass sie sich verwehrten,
In den schwarzen Felsenkessel,
Wo wuchs nicht mal eine Nessel;
Alles war so völlig finster,
Mensch bloß spürte manche Spinster.

Schnell sie machten sich ein Feuer,
Das war für sie nicht so teuer.
So sie konnten alles sehen
Und ganz einfach weiter gehen.
Boden war so ziemlich feuchte,
Wer weiß, was dort unten fleuchte.

Grüne Farben waren ferne,
Hier sah mensch das Schwarze gerne.
Pilze wuchsen aus dem Boden,
Streckten ihren Hut nach oben.
Für sie ist das Licht nicht wichtig,
Dunkelheit ist für sie richtig.

Ständig fielen nasse Tropfen
Aus der Höhlendecke Pfropfen
Auf die kalten Steine nieder
Und das Ganze immer wieder.
Trotz des Feuers sie nur sahen,
Was geschah hier ganz im Nahen.

Plötzlich kamen sie zu Wasser,
Fuß und Hufe wurden nasser,
Denn sie wollten in die Grotte,
Wo da war noch keine Flotte.
Bis zum Knie kam gar das kalte
Wasser, das sich hier voll ballte.

Dieser See hegt keine Fische,
Die mensch kann mit nehm'n zum Tische,
Aber andre Tiere leben,
Da, wo niemand würd' sie nehmen.
Grottenolme leben sicher,
Ohne jeden Räubersticher.

Friedlich ziehen sie die Kreise
Auf ganz andre Lebensweise.
Über Wasser Nebel wallte,
Der kam stumm aus einer Spalte.
Beide sahen nicht den Boden,
Gar nicht erst die Decke oben.

Doch der Nebel fand ein Ende,
Wasser trat auch in die Fremde.
Nach nur wen'gen weit'ren Schritten,
Ließ das Licht laut nach sich bitten;
Aus dem nahen Felsenstalle
Drang Licht wie aus einer Halle.

Beide folgten jenem Scheine,
Der sie führte in ein Heime,
Das erfüllt war von dem Lichte,
Welches sah kein Menschenwichte.
Solche Pracht gab's nie zu sehen
Auf der Erde weitem Lehen.

Überall in dieser Halle
Standen klare Bergkristalle,
Welche brachen alle Lichter,
Wie sonst gar nur tausend Trichter;
Alle Farben, die man kannte,
Es so in die Höhle bannte.

Mitten in dem Felsendome
Saßen Frauen, keine Gnome;
Als die drei die Gäste sahen,
Sprachen sie zu diesen Nahen:
„Wir sind Parzen – Schicksalsgötter
Und wir dulden keine Spötter!"

Dann sprach jede für sich selber,
War für sich der eigne Melder:
„Ich bin Nona – spinn den Faden,
Der dem Schicksal reicht die Gaben."
„Decima, so ist mein Name,
Für das Messen bin ich Dame."

„Ich bin Morta und ich schneide
Jenen Faden nach der Weide."
Ab jetzt sagten alle dreie,
Ohne laute Todesschreie:
„Wozu seid ihr hergekommen?
Euren Gruß wir hab'n vernommen."

„Wir herkamen, um zu sehen,
Was wird mit dem Wald geschehen.
Mein Gefährte will nicht glauben,
Dass der Wald trägt keine Trauben.",
Sagte jener Faun zu ihnen,
Wollte so, dass sie ihm dienen.

Die drei Schwestern sprachen wieder
Zu den beiden Gästen nieder:
„Wir verraten euch recht gerne,
Das, was liegt noch in der Ferne.
Doch die Worte könn'n sich wandeln,
Alles hängt nur ab vom Handeln:

Wirklich sprichst du Faun Wahrheiten,
Geht mensch aus von heut'gen Zeiten,
Wird der Wald bald nicht mehr seien,
Stehen werden bloß noch Kleien.
Menschen richten ihn zugrunde,
Schneiden sich so selbst die Wunde.

Bald der Sommer wird so trocken,
Für die Wälder Todesglocken
Und der Brocken, der war grüne,
Wird zu einer großen Düne.
Reichen euch jetzt diese Worte,
Um zu sehen jenen Orte?"

Zephyr sprach darauf zu allen,
Die in dieser Höhle wallen:
„Ja, ich sehe, was ihr meinet,
Doch, ob es dann wirklich keimet,
Stelle ich tollkühn in Frage,
Denn wer kennt schon diese Lage?

Alles kann sich noch verwandeln,
Es hängt ab vom guten Handeln!"
Also wollt er gehen nach draußen,
Da die Sprüche wohl nichts taugen.
Plötzlich aber sprach die eine
Etwas über Flora seine:

„Warte Gott der milden Winde,
Eile nicht sogleich geschwinde!
Höre kurz noch diese Worte,
Schicke uns nicht wieder forte:
Deine Liebe wartet lange,
Sicher wird es ihr schon bange.

Schwach ist sie wohl auch geworden
Von dem großen Menschenorden.
Willst du noch den Frühling haben
Und dich an den Knospen laben,
Solltest du dich sehr beeilen,
Lange wird sie nicht mehr weilen!"

Als er diese Worte hörte,
Es ihn nicht so sehr betörte.
Schnell er stürmte aus der Höhle,
Als ob Zeus es ihm beföhle.
Für den Faun und auch die Parzen
Ließ er jeden Gruß im Schwarzen.

Mit Versprechen seid ihr prahlend angetreten.
  Große Worte war'ns und ihr wolltet mehr;
Euch reicht nicht das Reden, ihr wollt mit regieren;
  Oft schon war es so – Worte blieben leer…
Schwer ist es Versprechen wirklich einzulösen.
  Wäre es so leicht, könnten wir es auch.
Immerhin, wir könnten bessre Ziele setzen.
  Das fällt nicht zu schwer, uns fehlt nur ein Hauch.
Eure Ziele sind – wohl zugegeb'nermaßen –
  Mit sehr viel Geschick nicht zu hoch gesetzt,
Denn ihr könntet fallen, lägen sie weit oben.
  So legt ihr sie tief und seid nicht gehetzt
Ganz entspannt geht ihr dann an die höchsten Ämter:
  Nun habt ihr sie fest, die geliebte Macht
Und versucht beinah Versprechen einzulösen,
  Aber dies bleibt wohl ein Problem der Nacht,
Weil die Pläne gleichen surrealen Träumen.
  Ihr glaubt nicht im Ernst, dass ihr es so schafft,
Längst gesetzte Ziele sicher einzuhalten?
  Dafür fehlt der Mut! Dafür fehlt die Kraft!
Lieber wollt ihr Wirtschaft und Natur vereinen,
  Doch es geht nur eins oder eben keins:
Will das Eine wachsen, muss das Andre weichen,
  Trotzdem wahrt ihr stets Würde eure Scheins.
Konsequentes Handeln tun wir noch vermissen.
  Vieles ist zu weich wie bei einem Schwamm.
Schwämme helfen nicht das Klima zu bewahren –
  Sie sind ohne Form und auch viel zu klamm.
Doch sie könnten jenes Wasser in sich fangen
  Aus dem vielen Eis, das noch schmelzen wird,
Wenn ihr weiter macht wie in den letzten Jahren –
  Trotz des festen Ziels in der Ferne irrt.
Ihr müsst Fortschritt wagen und es nicht bloß sagen.
  Klare Politik fordern wir jetzt ein;

Messen den Erfolg an Taten, nicht an Worten.
  Meinen könnt ihr viel – alles falscher Schein!
Letztlich hilft das viele stundenlange Reden
  Keinem dieser Welt und ihr selbst zuletzt.
Ihr müsst endlich handeln, sonst ist es verloren.
  Rettung braucht die Welt! Rettung braucht sie jetzt!

XVI. Gesang

Zephyr eilte schnell nach Osten,
Viele Kräfte wird's ihn kosten.
Wohl den Harz und seine Berge
Ließ er liegen – es sind Särge.
Stark schwang er die weißen Flügel,
Stieg so über manchen Hügel.

Langsam wird das Land viel flacher
Und der Frühling wird bald wacher,
Denn der Flora edler Tempel
Nährt sich – es ist ein Exempel.
Wörlitz ist das nahe Ziele,
Tempel stehen dort recht viele.

Auch die Worte dieser Parzen
Ließen Zephyr fast im Schwarzen:
Also muss er werden schneller,
Will er Flora sehen heller.
Doch tat eins er ganz vergessen,
Weil er ließ sich zu sehr stressen.

Menschen zeigt er sich als Flieger,
Ja sogar als Gotteskrieger,
Das wird sie doch sehr verwundern -
Mehr als sonst die flachen Flundern.
Alles das er nicht bemerkte,
Floras Schwäche ihn bestärkte.

Da es kam, dass sie ihn sahen,
Jenen Flügelmann – so Nahen.
Ja, der Schock saß ziemlich große;
Was ist nun mit Gottes Schoße!?
Konnten sie das etwa glauben,
Ihren Augen gut vertrauen?

Zephyr störte das mitnichten,
Er tat keine Menschen sichten.
Doch er sah so nah die Elbe,
Es war immer noch die Selbe;
Stark geknechtet von den Schiffen,
Die nur nicht so laut mehr pfiffen.

Und so kam er auch zum Parke,
Der gepflegt war mit der Harke;
Dessau lag nicht ganz so ferne,
Den Park sah mensch also gerne -
Gartenreich lud ein zum Träumen
Unter nicht ganz grünen Bäumen.

Wörlitz hegt das letzte Hause,
Welches Flora gibt die Pause;
Hier kann sie im Winter ruhen,
Schließt die Blumen in die Truhen.
Kann im Schalf auf Zephyr warten,
Bis er kommt in jenen Garten.

Zephyr eilte gleich zum Tempel,
Der geschützt durch einen Stempel,
Um die Menschen fernzuhalten,
Sonst sie frei für sich nur walten.
Zephyr musste nicht wehklagen,
Stempel galt's schon oft zu wagen.

Vor dem Tor zum Floraschlosse
Stand die Sphinx wie in der Posse.
Sie ist hier die große Hürde,
Keiner kommt an ihre Würde.
Stolz steht sie auf ihren Pfoten,
Bracht der Welt schon manchen Toten.

Und wie immer kam die Frage,
Es war keine neue Lage:
„Du willst hinter dieses Tore,
Dein Geist steigt zu mir empore;
Lass mich also Weisheit sehen,
Sonst darfst du vorbei nicht gehen!

Zeige mir dein großes Wissen
Oder mensch wird dich vermissen:
Was geht morgens auf vier Füßen,
Mittags läßt's auf zweien grüßen,
Abends geht es schon auf dreien;
Ja, welch' Ding mag das wohl seien?"

Zephyr war die Antwort klare,
Es war keine neue Ware:
„Sicher sind es unsre Menschen,
Die sich ständig nur bekämpfen.
Erst auf Gliedern sie fortkriechen,
Bis sie große Freiheit riechen.

Wenn sie dann erwachsen werden,
Auf zwei Beinen geht's ans Erben.
Schließlich laufen sie auf dreien,
Denn sie sind nicht mehr die Freien;
Können nur mit Krücke laufen -
Schlechter alter Menschenhaufen."

Die Sphinx sagte auf die Sätze,
Dass die Antwort richtig schätze,
Und dass er vorbei kann gehen,
Muss nicht vor den Toren stehen.
Doch sie wirkte auch umwunden,
Für die Frage braucht sie Stunden.

Zephyr ging durchs Gartentore
Zu der Flora hoch empore,
Die ihn tat wohl stark erwarten,
Um die Heirat schnell zu starten,
Dass der Frühling Winterwunden
Heilt durch seine milden Stunden.

XVII. Gesang

Nun war er in jenem Garten,
Lange tat darauf er warten.
Schicksal schickte ihn zurücke,
Für den Frühling sehr zum Glücke,
In den Garten voll mit Pflanzen,
Drunter schliefen manche Wanzen.

Nicht nur Wanzen schliefen heiter,
Alles träumt im Winter weiter.
Was mit Sonne grün bald werde,
Steckt noch immer in der Erde.
Blätter konnt' mensch sich nur denken,
Kahl im Wind die Äste schwenken.

Auch der Apfelbäume Blüten
Fürchten sich – der Frost kann wüten;
Also standen da nur Knospen,
Keine Äpfel rot zum Mosten.
Tiere zeigten sich bloß selten,
Warten noch auf Frühlingswelten.

Alles stand zum Start bereite,
Um zu sprießen in die Weite.
Starke Kräfte steckten drinne
Bis in jede Baumeszinne.
Spannung lag in allen Lüften,
Diesmal nicht nur in den Hüften.

Wenn die ersten warmen Stunden,
Die an Sonnenlicht gebunden,
Ihren Weg zur Erde finden,
Treiben grün die vielen Linden;
Alle Pflanzen hier im Lande
Knüpfen dann ihr grünes Bande.

Kräfte werden wieder freie
Aus dem großen Lebensbreie
Und das Jahr kann richtig starten,
Neujahr ließ es nur erwarten.
Erst der Frühling gibt das Leben,
Nach dem alle so sehr streben.

Doch noch lag die Welt im Schlafe,
Von der Kälte eine Strafe;
Gerne würd' der Mensch es richten
Und den Streit für immer schlichten,
Aber nur die Götter können
Dieser Welt das Glück vergönnen.

Flora muss sich erst vermählen,
Um den richt'gen Weg zu wählen,
Um die Kräfte zu entfalten,
Nur mit Zephyr kann sie walten,
Denn sie braucht die liebe Wärme,
Wie die Römer ihre Therme.

Floras Gatte war zur Stelle,
Stand nun vor dem Tempel helle.
Dies war Floras letztes Heime,
Sonst hat sie wohl keine Keime.
Dort sie schläft den Winter über;
Kurze Tage waren trüber.

Dieser Tempel stand so prächtig,
Ja, man könnte meinen mächtig,
In dem weiten Göttergarten,
Frühling tut von hier aus starten.
Weiße Säulen tragen stolze
Dächerbalken ganz aus Holze.

Zwischen Säulen hoch empore
Liegt das starke Tempeltore;
Eine Treppe führt nach oben,
So verlässt gott kühn den Boden.
Zephyr stieg auf diese Stufen,
Flora tat ja nach ihm rufen.

Doch das dicke Tor aus Bronze
Ließ dem Gott kaum eine Chance.
Nur durch alle seine Kräfte
Ihm gelang noch das Geschäfte,
So kam er in Floras Hause,
Demnach endet ihre Pause.

Langsam und mit sanften Schritten
Wie nach alten Tempelsitten,
Trat der Zephyr in die Halle;
Es war keine böse Falle,
In der Mitte lag kein Köder,
Sonst wär' Zephyr ja ein Blöder.

In der Mitte stand die Tulpe,
Welche Floras Kältestulpe.
Eine Tarnung für den Winter,
Doch der lag nun weit dahinter;
Zeit wird es für sie zu blühen,
Kostet es auch manche Mühen.

Deshalb Zephyr wollt gelangen
Zu der Flora Blütenwangen,
Doch sie war umringt von Ranken,
Welche dienten wohl als Schranken.
Dornen trugen jene Sprosse,
Zephyr schien es eine Posse.

Er versuchte durchzukommen,
Aber Flora war benommen,
Nicht bereit sie schien zu seien,
Um zu treten in die Reihen,
Welche Frühling ihr versprechen;
Tut sie die Geschichte brechen?

Da die späten Stunden nahten,
War es das mit starken Taten;
In der Nacht wird es nur kälter,
Jede macht den Zephyr älter.
Auf den Morgen wollt er warten,
Schlafen hier in diesem Garten.

Zu der Tulpe er sich legte,
Weil er sie im Herzen hegte.
Hypnos' Sohn bringt schöne Träume
Oder wieder nur solch Schäume?
Daran konnt' er nicht mehr denken,
In den Schlaf tat es ihn senken.

XVIII. Gesang

Früh am Morgen drangen Strahlen
In den Tempel ein und malen
Manche Bilder an die Wände,
Ohne zu benutzen Hände.
Rot und gelb die Farben waren,
Kamen her vom Himmelklaren.

Zephyr wurde so hell wache,
Flora aber blieb noch schwache.
Er sich wusste nicht zu helfen,
So was gab es wirklich selten;
Sollte doch das Tageslichte
Sie erheben vom Gerichte.

Ein Versuch noch galt's zu wagen,
Gegen jede Zweifelsklagen:
Er stieß auf das Bronzetore,
Licht, das stieg im Raum empore.
Vorher war es drückend finster,
Nun erstrahlt' es gelb wie Ginster.

Aus dem Osten kam der Wagen,
Welcher tut die Sonne tragen,
Der Apollo bracht die Gaben,
Jeden Tag er tut dies wagen.
Starke Wolkenpferde zogen
Mit den Sonnenball nach oben.

Vor dem Wagen flog Aurora,
Schwiegermutter von der Flora,
Sie trug ihre roten Farben
Stärker als an andern Tagen;
Botin ist sie für die Sonne
Und des Tages schöne Wonne.

Als die roten Strahlen drangen
Hin zu Floras Blütenwangen,
Regten sich die Dornenranken
Und begannen leicht zu schwanken,
Bis sie schließlich ab sich lösten,
Zephyr tat das etwas trösten.

Nun lag nämlich jene Blüte
Frei, durch rote Morgengüte.
Alle dicken starren Ranken
Lösten sich – war'n keine Schranken.
Doch die Knospe blieb geschlossen,
Zephyr musste weiter hoffen.

Als Apollo dann die Sonne
Brachte her mit der Kolone,
Drangen frei die klaren Lichter
In den Tempel wie zum Trichter.
Durch den freien Blick zum Wagen
Flora tat ab ihre Klagen.

Nun begann sie sich zu wandeln,
Tat nicht mehr als Blume handeln:
Tulpe öffnet ihre Blätter,
Zeigt sich ihrem treuen Retter.
Alle Farben hat die Blüte
Fest in ihrer zarten Tüte.

Doch so schnell das Leben startet,
Auch der Tod nicht lange wartet;
Es verwelkt die bunte Blume,
Sie vergeht zu wahren Ruhme.
Völlig muss sie erst vergehen,
Dass die Zeit bleibt hier nicht stehen.

Aus der schönen Floratulpe
Wurde eine echte Nulpe;
Es war nicht die ganze Wandlung,
Denn es fehlte letzte Handlung:
Aus der welken Tulpe wurde
Gar die Göttin – so absurde.

Lichter, ja in allen Farben,
Taten nach dem Himmel jagen;
Wie ein wahrer Schein der Götter,
Daran gab es keine Spötter.
Flora war im Licht versunken,
Doch es machte sie nicht trunken.

Solche hellen Göttermächte
Lassen Sonnen steh'n wie Knechte.
Mit dem letzten Strahl zum Himmel
Endet dieses Lichtgewimmel.
Flora war nicht zu erkennen,
Heller Schein nichts ließ benennen.

XIX. GESANG

Als der Schein sich langsam lichtet,
Zephyr seinen Blick hin richtet;
Er erkennt die Frau der Blumen,
Noch ihn blendet manches Lumen;
Doch er eilt zu ihr geschwinde,
Wird getragen leicht vom Winde.

Aber als er sah die Dame,
Schien es wohl ein andrer Name,
Denn gott tat sie nicht erkennen,
Flora würd' er sie nicht nennen;
Jugend fehlte ihr in Massen.
Kann sie noch das Leben fassen?

Sie war alt und sehr gebrechlich,
Ja, man möchte sagen hässlich.
Trocken war gar ihr Gesichte,
Selbst im frischen Morgenlichte.
Fehlte ihr denn jedes Leben,
Kann gott es ihr wiedergeben?

Statt der bunten Blütenkrone,
Die gab an den Frühlingstone,
Trug sie welke Rosenkränze;
Da gibt's keine Nymphentänze.
Was geschehen mit der Schönen,
Tat Apollo sie verhöhnen?

Zephyr sprach zur Blumengreisin,
Mit so manchem leichten Freisinn:
„Was ist los mit deinen Farben,
Du tust nicht das Bunte tragen?
Nahm mensch dir denn alles Leben;
Soll ich was von meinem geben?

Für die Götter gibt's kein Ende,
Was geschah mit deiner Lende?
Sprich zu mir mit einer Rede,
Wollen wir doch keine Fehde."
Erst nach langem Schweigen sagte
Flora, was sie sonst nicht wagte:

„Was mit meiner Kraft geschehen,
Tatest du doch selber sehen.
Auf der Reise her zum Tempel
Gab es viele Staatsexempel.
Du weißt also, was ist Sache,
Dass ich selber bin so schwache.

Alles, was wir doch schon hatten,
Tat man uns nicht mehr erstatten.
Menschen raubten uns die Schätze
Mit dem blöden Rumgeschwätze.
Ihre Kraft wird immer stärker,
Demnach gibt es keinen Kerker.

Für mich schlagen letzte Stunden
Mit so tiefen Kampfeswunden.
Doch mein Kampf, der ging ins Leere,
Spreizt sich weiter auf die Schere.
Die Natur ist nicht zu retten,
Mit mir liegt sie fest in Ketten.

Aber Gutes hat das Ende,
Bringt für alles noch die Wende:
Sterbe ich, so stirbt das Grüne;
Für die Menschen wird's die Sühne
Und sie werden mit mir gehen,
Vor verschloss'nen Toren stehen!"

Diese Worte war'n ein Brocken,
Taten Zephyr wirklich schocken.
Selbst die Parzen in der Höhle
Sprachen nicht solch düst're Töne;
Ihre Worte waren leichte
Gegen Floras schwere Beichte.

Zephyr sprach zur Hoffnungslosen,
Aber in sich tat er toben:
„Du sprichst mir ja etwas Neues
Und nicht wirklich Göttertreues.
Deine Worte sind voll Trauer
Wie ein starker Regenschauer.

Hoffnung ist für dich was Fremdes,
Dir fehlt gar das Selbstverständnis!
Ja die Menschen sind wohl Schweine,
Für Natur so ganz Gemeine;
Pressen sie den letzten Tropfen
Aus der Welt – sie zieh'n den Stopfen.

Sie vernichten das Gelände,
Ihre Tage sind zu Ende,
Lernen sie nicht zu verstehen,
So kann es nicht weitergehen.
Aber du wirst nicht mit sterben,
Lass die Liebe auf dich färben!

Für uns gibt es Hoffnung immer,
Seien könnt' es noch viel schlimmer,
Auch wenn uns so schlimme Zeiten
Niemals taten lang begleiten.
Aber mit dem Menschenorden
Ist die Welt noch nicht verdorben.

Auf der Reise sah ich Schlechtes,
Ja, sogar manch Ungerechtes,
Doch es hatte seine Richtung,
Führt zu einer guten Lichtung.
Aus dem Schlechten wird das Gute,
Gibt es nur den rechten Mute!

Lass dich also nicht beirren
Und vor Eiseskälte klirren!
Jetzt ist Zeit für guten Glauben,
Nur so trägt der Strauch die Trauben,
Die uns in die Zukunft führen,
Unsre kühnsten Träume rühren."

Flora war noch immer harte,
Glaubt nicht an den Frühlingsstarte:
„Deine Worte sind Versprechen,
Die sich an dir selber rächen.
Niemals wird sich etwas wandeln
Nur durch neues Menschenhandeln!

Ich nicht glaube an die Welten,
Wo sie noch als Gute gelten.
Seit sie wurden uns erschaffen,
Taten sie nur für sich raffen.
Glauben wurde uns verwehret;
Schlechtes wurde uns bescheret!

Warum also sollt' ich hoffen,
Bleiben meine Wünsche offen?"
Zephyr wusste nicht mehr weiter,
Flora war nicht wirklich heiter:
„Was ist nur aus dir geworden,
Flora! Ist dein Geist gestorben?

Wir sind doch das Götterpaare,
Das von dieser ganzen Schare
Kann der Welt den Frühling bringen,
Tat uns Zeus auch dazu zwingen.
Immer ist es uns gelungen,
Wenn auch manchmal notgedrungen.

Also bitt' ich dich nochmale,
Mit zu kommen in das Tale,
Welches uns zum Frühling schicket,
Ja, das Leben uns erquicket.
Leg ab deine vielen Sorgen,
Fühle dich bei mir geborgen."

Flora blieb bei sich noch stehen,
Wollte nicht zu Zephyr gehen:
„Ich nicht werde zu dir kommen,
Du machst mich nicht mehr versonnen.
Trag dich fort auf deinem Winde,
Geh von hier und zwar geschwinde!

Frühling wird es nicht mehr geben,
Denn ich will nicht weiterleben,
Um zu sehen, was die Erde
Wird durch diese Menschenherde!"
Zephyr fand nun keine Worte,
Wollte fort von jenem Orte.

Doch es gab noch eine Lösung,
Bis jetzt eine ferne Dösung;
Denn nicht immer müssen Worte
Kirschen sein für eine Torte,
Manchmal reicht die bloße Liebe,
Dass hat alles seine Triebe.

Nah zu Flora ging der Bote,
War sie auch fast eine Tote;
Unter Falten steckt die Liebe,
Für sie gibt es keine Diebe.
Und die Liebe gilt's zu wecken,
Denn sie tut in Flora stecken.

Also gab er ihr die Küsse,
Für sie waren es Genüsse;
Ja, die Knospe ihrer Liebe
Ist des Frühlings wahre Wiege.
Aus der welken Flora worde
Gar ein ganzer Blütenchore.

Aus der Alten wurd' die Junge
Durch des Zephyrs sanfte Zunge,
Wie aus Schlechtem wird das Gute,
Zephyr hatte hier den Mute.
Heirat kann nun doch beginnen,
Da die Liebe tat gewinnen.

XX. Gesang

Mit Apoll als großem Zeugen
Tun sie sich dem Schicksal beugen;
Ihre Zeit konnt' nun beginnen,
Denn der Frühling tat gewinnen.
Und die Pflanzentriebe wagen,
Blütenkleider bunt zu tragen.

Alles strahlt im frischen Glanze
Durch der beiden Heiratstanze.
Ihre Körper war'n verschlungen,
Da die Liebe war errungen.
Neue Zeiten sind gekommen,
Machten Mensch und Tier versonnen.

Blüten trieben aus zur Sonne,
Vögel sangen – eine Wonne.
Nymphen tanzten eng im Reigen,
Wollten Flora Güte zeigen;
Trugen Saaten auf die Felder,
Welche wurden gleich viel gelber.

Aber nicht zu allen Lagen
Tat der Frühling hin sich tragen,
Also mussten sie ihn bringen,
Dass die Finken können singen,
Auch an noch so ferne Orte,
Denn so woll'n es Götterworte.

Beide mussten sich beeilen,
Konnten nicht viel länger weilen;
Traten aus dem Tempelhause,
Nun war keine Zeit für Pause;
Weiße Säulen blieben stehen
Und die beiden Götter gehen.

Zephyr hob die zarte Blume
Mit herauf zu Himmelsruhme;
Seine Winde trugen beide,
Es war eine Augenweide,
Wie die milden Winde hoben
Dieses Frühlingspaar nach oben.

Viele Vögel folgten ihnen,
Wollten diesen Göttern dienen,
Kamen her von allen Seiten
Aus der Aue großen Weiten,
Folgten mit zum Himmelszelte,
Wo der helle Schein nur gelte.

Manche trugen grüne Zweige,
Andre eine Blütenfeige,
Gar gewunden ganz zum Kranze,
Der verschönert diesen Tanze.
Alle aber sangen Lieder,
Immer neue Töne wieder.

Weiter hoch zum blauen Himmel
Stürmte dieses Fluggewimmel,
Über Wolken, über Berge,
Türme schienen nur noch Zwerge
Und die Welt, sie lag dort unten,
Oben waren jene Bunten.

So zerbrechlich schien die Erde,
Ob aus ihr noch etwas werde?
Doch jetzt galt es hoch zu kommen,
Bis die Sonne ist erklommen
Und der Wagen kühn bestiegen,
Frühling tut dann sicher siegen.

Zu Apoll gelang die Schare,
Ja, die Sonne schien hier klare
Und sie flog sehr schnell vorüber,
Über jenes Land hinüber;
Gott der Sonne sprach zu beiden,
Welche waren ganz im Reigen:

„Steigt in meinen Sonnenwagen,
Ich euch werde mit mir tragen,
Um den Frühling zu entfalten,
Zu vertreiben alle Kalten.
Lasst uns jetzt die Welt verwandeln,
Nur durch unser gutes Handeln!"

Flora und der Zephyr stiegen
Zu Apollons Sonnenwiegen;
So sie flogen noch viel weiter,
Nun mit ihrem neuen Leiter,
Dass das Grüne kommt noch schneller
Durch die Sonnenstrahlen heller.

So zog fort der stolze Wagen,
Eine Zeit ganz ohne Klagen,
Der Triumph der Frühlingsgötter;
Trotz der vielen Menschenspötter
Konnten sie das Leben fassen,
Wandeln in den Liebesgassen.

Es kam noch zum guten Ende,
Flora schaffte eine Wende,
Doch wie wird es weitergehen?
Werden wir noch Frühling sehen
Oder bleibt es unser Letzter,
Ein durch Not bloß durch Gehetzter?

Wird das Grüne uns fortsterben
Und es bleiben keine Erden?
Werden Tiere bald verenden
Und die Sonne heißer blenden?
Können immer wir nur hoffen,
Dass uns steht das Glück noch offen?

Können wir es weiter wagen,
Nach dem Schicksal frei zu fragen?
Noch sind jene Fragen offen
Und wir können schweigend hoffen,
Aber nur das bloße Warten
Bringt uns nicht zum grünen Garten..

Vielmehr gilt es jetzt zu handeln
Und die Welt uns zu verwandeln!
Nur durch Mut und gute Taten,
Nicht bloß durch das reine Raten,
Wird uns dieser Sieg gelingen,
Vögel werden wieder singen!

Aber alle müssen handeln,
Sonst wird sich hier nichts verwandeln
Und es bleibt für immer Winter,
Frühling liegt nur weit dahinter;
Ja, es kann noch schlimmer werden!
Menschen müssen wohl erst sterben?

Kriege können gar entbrennen,
Doch ich möcht' es nicht benennen.
Also fasst an eure Herzen,
Wollt ihr keine schlimmen Schmerzen.
Rettet unsre liebe Erde,
Dass sie immer bunter werde!

Handelt für das gute Leben,
Dass euch wurde doch gegeben.
Denkt an meine kleinen Worte,
Liegen sie am fernsten Orte:
Aus dem Schlechten wird das Gute,
Hat mensch nur den rechten Mute!

EPILOG von Saskia Pfalz

Hach, bin ich froh jetzt auf der Welt zu sein.
Ich atme tief ein und lasse meine Augen zu.
Es ist wohlig warm – ich strecke mich.
Ich spüre das Gras unter meinem Körper.

Ein Glück, so friedlich auf der Welt zu sein.
Das Rauschen der Bäume, das Flattern der Flügel.
Ich fühle Sand, spüre Nass an meinen Zehen.

Welch Glück, so behütet auf der Welt zu sein.
Ein sanfter Hauch.
Etwas Zartes landet auf meinem Gesicht.
Ein Lächeln und ich streiche es weg.
Doch es verschmiert, fühlt sich seltsam an.
Kurz zucken meine Brauen zusammen, doch…
Ich verwerfe den Gedanken.

Wie schön, genügsam auf der Welt zu sein.

Die Nässe verteilt sich auf dem Boden.
Langsam wird es ziemlich viel. Ich blinzle.
Salzkristalle weichen verschwommenem Blick.
Die Welt in Orange, ohne Fokus.

Die Wärme wird zu Hitze.
Es ist Nacht und trotzdem hell.
Die Bäume rauschen, weil sie brennen.
An meiner Haut das schwarze Blut der Erde.

Wie schön es mit geschlossenen Augen war.

Die Menschen, die das Feuer legten;
Die Menschen, die die Erde spalten;
Schau'n herab und fordern, ich solle friedlich bleiben.

Nachwort

Beinahe ein Jahr nach der Vollendung meines Versepos bin ich endlich an den Punkt gelangt es zu veröffentlichen. Ich weiß nicht, ob es Faulheit oder Unzufriedenheit mit dem eigenen künstlerischen Produkt war, die mich bisher daran hinderte.

Aber umso besser, dass sich der Prozess der *Buchwerdung* um einige Monate verschob, denn so erscheint der *Frühlingsmythos* zu jener Zeit, in welcher der Frühling mit ungeduldigen Füßen vor unserer Tür steht. Stück für Stück werden die Tage länger und die Nächte kürzer; das gleißende Licht der Sonne strahlt wieder in die Ecken der finsteren Schande, wo in Herbst und Winter das menschliche Verbrechen leichtes Spiel hatte. Der Frühling erwacht!

Doch jedes Erwachen könnte das letzte sein, angesichts der Krisen unserer kapitalistischen Welt. Immer tiefer schiebt sich das kalte Messer des Profits in den warmen, lebensspendenden Körper unserer Mutter, die sich gegen ihre eigenen Kinder nur zögerlich wendet. Die Kinder selbst sehen jedoch keine Sünde darin ihre Mutter langsam zu ermorden. Sie wird stündlich schwächer… Sie wird sterben… Stirbt sie, sterben auch wir… Das Blut klebt an den Händen jener Menschen, die stets auf Gewinn und dessen Vermehrung bedacht sind. Die Exploitation wendet sich nicht allein gegen die produzierenden Klassen, sondern zuallererst gegen die Quelle unserer Existenz.

Ohne Verzicht lässt sich unser gemeinsames Problem niemals lösen. Wir müssen lernen zu verzichten! Inzwischen reicht das *gute Handeln* allein nicht mehr aus. Ich muss mich korrigieren: Was ich vor gut einem Jahr in meinem Epos schrieb, ist reiner Idealismus, gestützt durch den Glauben an das Gute im Menschen. Aber der Mensch kann nicht gut sein; zumindest nicht in dieser kapitalistischen Weltordnung, deren Existenzgrundlage die Ausbeutung anderer Menschen ist. Es war nie der Mensch an sich, der das Böse und zerstörerische in sich trug. Nein! Es war die Gesellschaft, die ihn vom Beginn seines Lebens an zum kokurrenzorientierten Handeln erzog.

Die zarten Worte der Literatur reichen leider nicht aus die Welt zu verändern, sonst hätten wir schon längst den ewigen Frieden. Es sind und waren nie die Dichter und Denker, welche die Welt veränderten. Es waren stets die einfachen Menschen, die über das Schicksal der Welt entschieden, indem sie das ihnen Vorgesetzte akzeptierten oder ablehnten – Staat oder Revolution. Nun sind wir erneut an einem solchen Wendepunkt der Geschichte angelangt, der sich insofern von den bisherigen unterscheidet, dass mit ihm über die Existenz der Menschheit und wahrscheinlich auch des Lebens an sich entschieden wird. Die Uhr steht schon nicht mehr *kurz vor zwölf*, inzwischen steht sie *zwölf*. Jetzt und nicht später muss gehandelt werden! Jetzt und nicht später muss sich das menschliche System verwandeln! Jetzt und nicht später brauchen wir die Revolution! SCHLUSS MIT DEM TRÄUMEN! JETZT MÜSST IHR HANDELN!!!

Dessau, den 05.02.2022
J. Pierre Lehmann

100